사랑을 인화하다

김효경 시집

문학의전당 시인선
135

사랑을 인화하다

김효경 시집

문학의전당

추천의 말

결정적 순간과 고통의 이중주

손택수 시인

내 최초의 카메라는 시골집의 '정지문'이었다. 문에 난 옹이 구멍이나 벌레들이 아삭아삭 갉아 먹은 구멍으로 빛이 통과하면 마당에 있던 사물들이 켜켜이 그을음이 쌓인 정지 벽에 가닿아 다채로운 형상들을 만들어주곤 하였다. 말하자면, 그것이 내게는 '바늘구멍사진기'였던 셈이다. 그때 내가 부엌강아지처럼 폭 파묻혀 있던 정지는 할머니의 품속처럼 아늑하고 깊어서 졸음이 자주 찾아오곤 하였다. 나는 구멍을 타고 들어온 빛에 살찐 구렁이처럼 움찔거리면서 한 번도 가본 적이 없는 바다나 사막 같은 낯선 배경이 펼쳐진 꿈속으로 여행을 떠나곤 하였는데, 아마도 내겐 현실의 세계와 꿈의 세계 사이에도 낡은 정지문이 하나 척 걸쳐져 있었나 보다. 꿈의 끝에서 나는 늘 가위에 눌려 식은땀을 흘리며 깨어나곤 하였다.

김효경 시인의 시집을 읽으면서 옛 기억이 떠오른 것은 아마도 사진과의 이중주라는 이 시집의 독자적 성격 때문이기도 하겠지만, 무엇보다 그때 잡았다 놓친 이미지들 때문이 아닌가 한다. 시인은 "버드나무 가지 끝/대롱대롱/봄비 한 방울//또오옥/또옥/똑//빗방울이/빗방울을 낳고 있다"(「해산」 전문)처럼 어떤 결정적인 순간을 포착하는 데 남다른 재능을 가지고 있다. 가령, 「장대높이뛰기」와 같은 시에서 선수의 질주가 끝난 뒤에 봉 위로 허리를 들어 올리는 장면을 '한 줄기 짧은 곡선'으로 날렵하게 그려내는 솜씨는 절로 무릎을 치게 한다. 지루한 일상의 시간대 속에서 존재를 떼어내어 돌올하게 들어 올리는 이 순간의 미학은 생명의 맥박 소리를 쿵쾅거리게 하는 실감으로 충만 되어 있어 그 자체만으로 이미 눈부시다고 해야 할 것이다. 하지만 시인은 사물과 자연의 재현을 통한 우주율의 경험이 결국은 좌절할 수밖에 없다는 근원적 인식에 닿은 것으로 보인다. 마치, 장대높이뛰기 선수의 비상이 추락을 전제로 하여 가능해지는 것처럼. 그리하여 "개의 목줄이라도/대신 풀어주어야겠다"(「봄밤의 월담」)는 자조와 "잘린 가지에서 향기가 흘러나온다"(「봄날에 길을 나선 여자」)는 섬뜩한 고통의 아이러니가 가능해지게 되는 것이다. 그러나, 고통으로 하여 더욱 더 강렬해지는 향기가 곧 시적 정신이다.

조팝나무 흐드러지게 핀 들길을 걷다
산비둘기 울음에
카메라 앵글을 열어 놓습니다
산벚꽃 포오폴 날아간 그늘 아래
조리개 초점을 맞추고
오래도록 숨을 멈추었습니다

허공을 이기지 못해 휘청거리던 꽃 이파리
하나 둘 카메라 앵글 속으로 날아듭니다
길섶을 얼룩지게 만들던 꽃비
산모퉁이 돌아설 때
저릿저릿 번져오던 그대
저 무성한 길섶에서 길을 잃는다 해도
그대가 만들어낸 화인(火印)을
온몸으로 받아내려 합니다
내 눈물을 어루만지는 당신의 언어를
이 봄이 다 가기 전에
응달진 자궁 속에서 인화하려 합니다

—「봄날을 인화하다」 전문

표제작인 이 시는 시와 사진이 동일한 순간의 다른 현현임을 잘 보여주고 있다. 시인이 소멸을 암시하는 낙화의 순간을 정지시키기 위해 카메라 앵글을 열어놓는 과정은 곧 시가 시작되는 순간과 같다. '저릿저릿 번져오던 그대'의 기억과 순간에의 참여는 '멈춤'을 통해 가능해진다. 멈춤은 단순한 동작의 정지가 아니라 대상을 통한 자기 자신에의 집중을 가능케 한다는 점에서 활동하는 멈춤이라고 해야 할 것이다. 이 움직이는 정지 행위는 길을 잃어버릴지도 모른다는 두려움을 떨쳐버리면서 당신의 언어에 대한 간절한 그리움을 도드라지게 한다. 두려움이 고통의 심리적 등가물이라면, 그리움은 고통을 품고 솟구치는 노래의 다른 이름이다. 고통과 그리움은 일치하지 않는 기표와 기의 사이에서, 노래할 수 없는 풍경과 보잘 것 없는 언어 사이에서, 경험된 세계와 재구성되는 시적 경험 사이에서 끝없이 발생한다. 고통과 그리움은 어쩌면 시가 발생하는 장소인지도 모른다.

매체 변화에 따른 장르의 확산과 이동에 대해서 나는 좀 둔감한 편이다. 흔히들 이야기하는 '디카시'에 대해서도 과문하여 담론을 펼칠 여유를 갖고 있지 못하다. 다만, 어린 시절 나의 바늘구멍사진기 역할을 했던 정지문의 구멍 같은 것이 김효경 시인에겐 무엇이었을까 하는 의문을 가져본다. 이에 대해 시인은 "물결 다스릴 힘없어 동굴이 내 집이고/갈라진 틈이 내 호흡, 절벽이여서/물고기를 닮은 나는 늘 불면증을 앓"(「희망, 너의 맥박 위에 2」)는다는 매우 인상적인 구절을 남기고 있다.

절벽과 절벽 사이의 갈라진 틈을 렌즈로 삼고, 캄캄한 해식동굴을 암실로 삼은 이 시인의 불면증이 오래 지복을 누리길 바란다. 아마도 고통스런 그 지복과 함께하는 동안 물고기의 비늘 역시 날것의 생기를 뿜어내며 빛날 것이므로.

시인의 말

통통 부은 눈으로 우편함 열어 보니
"제 상처를 보듬어 주실 거지요?"
풀죽은 시집 한 권이
나를 올려다본다.

행간 속에 숨죽이고 있는 저녁
찬비와
아우성치는 눈발에
귀를 대어본다.

미처 전하지 못한 말들이 있다.

아무래도 나는
또 먼 길을 나서야 할 것 같다.

2012년 가을
김효경

차례

제2부 참 오래된 말

제3부 에덴요양원

제4부 바람의 지문

제1부
봄날의 월담

봄날을 인화하다

조팝나무 흐드러지게 핀 들길을 걷다
산비둘기 울음에
카메라 앵글을 열어 놓습니다
산벚꽃 포오폴 날아간 그늘 아래
조리개 초점을 맞추고
오래도록 숨을 멈추었습니다
허공을 이기지 못해 휘청거리던 꽃 이파리
하나 둘 카메라 앵글 속으로 날아듭니다
길섶을 얼룩지게 만들던 꽃비
산모퉁이 돌아설 때
저릿저릿 번져오던 그대
저 무성한 길섶에서 길을 잃는다 해도
그대가 만들어낸 화인(火印)을
온몸으로 받아내려 합니다
내 눈물을 어루만지는 당신의 언어를
이 봄이 다 가기 전에
응달진 자궁 속에서 인화하려 합니다

갈대

갈대는 한 번도 길을 걸어본 적이 없다
길은 사람이 걷는 것이라고
길옆에 서서, 길이, 거기 있음을
온몸으로 소리칠 뿐이다

멀리 허물어지던 묘비명 위로
가는 비 내린다

내가 걸어온 길들이 젖는다
갈대가 먼저 젖는다

흔들리는 사람일수록
하늘 보는 시간이 길어진다고

길옆에서, 숨죽여 소리칠 뿐이다

사랑

저 달빛은 누구의 슬픔을 읽고 와서
흰 벽과 마주하고 있는지
알 길이 없습니다

장대높이뛰기

장대높이뛰기 선수가 긴 장대를 들고
우주를 향해 뛰어가다
도약을 위한 질주가 끝나는 지점에서
도움닫기를 한다

하늘을 난다

두려움이 하늘에 닿는 동안
바람을 잡아야 한다
허공을 삼킨 호흡
기술이 요구되는 순간이다

아득한 공중에 솟구쳐 올라
한 줄기 짧은 곡선으로
바람을 잡아야 한다

거기에 비상구가 있다

봄, 깊어가다
—분청사기 상감모란당초문

태토(胎土)*인 나는 진달래 꽃잎 고스란히 묻힌 채 당신의 도방으로 옮겨져 한 남자의 슬픈 눈빛을 어루만져 줄 분청사기로 태어나고 싶었습니다.

수비**와 성형을 거쳐 숯가마에선 생리혈 녹아내리고 투석한 유약이 빛을 발하기까지 지옥에서 건져 올린 별자리 하나 내 몸에 새겨 넣어 북극성 되고 싶었습니다.

소소리바람 공터를 배회할 때, 밤새 나를 빚은 당신의 손길에 천삼백도 가마에서 흘러들던 전율이 당초문양으로 새겨지길 빌었습니다.

열기가 사라진 허공을 향해 묻습니다. 당신은 백치 얼굴로 맑고 푸른 종소리를 내는 항아리의 슬픔을 아느냐고

---

* 태토: 도자기를 만드는데 사용되는 흙

** 수비: 물과 섞은 고형 분말을 흘리면서 부력차를 이용

나 혼자 벌겋게

늦은 오후
용주사 지장전 탱화 속에 얽혀 하루를 비우다
벌겋게 울고 있는 단풍나무 숲을 걸었습니다
비갠 뒤 하늘은 숨 막히게 깊어가고
땅 위의 시간은 피었다 진다지만
나 혼자 벌겋게 물들었습니다.

이생은 달콤한 혼몽 같은 것이라고
허공을 거머쥔 잎사귀들이
한기를 걷어내며 파고듭니다.

홍살문 두드리던 독경소리,
한나절 내내 명치끝 시린 말들을
대웅보전에 올려놓고
덩그렁 덩그렁 도량 흔드는데
전생에서 일으킨 불꽃은 어떤 빛깔이었는지
붉게 물들어야 산다는
닿을 수 없는 물컹거리는 마음
삼시간에 고열로 덮치고

단풍잎 후두둑 다 떨어집니다

당신이 나를 향해 걸어왔는지
내가 당신을 향해 걸어갔는지

해바라기

어머니, 먹구름 걷어내고 하늘로 올라간 노오란 날개를 보셨나요. 꽃들의 떨림을 보셨나요.

대여섯 살 무렵이었지요. 저를 담보로 보냈던 그 집에서 보았던 노란 하늘이었어요. 그때 파닥거리며 날아오르던 노오란 나비 떼를 윗목, 겸상으로 받은 밥상에서 보았어요. 밥 한 술 입에 넣고 노오란 나비의 날개도 반찬으로 뜯어 먹었지요.

어머니, 방금 누군가 저 들판을 걸어갔어요. 심장에 바퀴를 달고 빛 일구는 선경(仙境)을 보았어요. 관 뚜껑 두드리는 꽃그늘 아래 내가 누워 있어요.

풍경

하루 종일 목탁 두드리던 바람이
울음 지우고 돌아서 가던 길에
당신을 만났습니다

냉기 서린 봄기운 채 가시기도 전에
서둘러 떠나버린 젊은 시인도
산사로 스며들던 당신의 음성 들었을까요

요절한 시인이 어루만지다 간 언어들이
풍경 소리에 스며들어
뎅그렁 뎅그렁
잠깐 스쳤던 별빛에 대해
말문을 열었던 걸까요

꺼질 듯 꺼지지 않는
법당 안 촛불

젖은 내 생의 모서리로 기우는 사이
산 그림자
풍경이 남긴 발자국을
절룩이며 끌고 가고 있습니다

즐거운 시니피앙 눈먼 시니피에

1

내게 건넸던 말 소프트한 뇌의 회로에 기억해 두었다가 '사랑방'에 저장했어. 옹이 진 나무 그늘 쪽으로 마음 기울면 나는 듣고 싶은 말만 편집해 몸속으로 전송하지. 팔과 다리는 허공으로 날아오르고 숯덩이에서 멀어지는 지상, 화염 속에서 듣는 물소리, 달빛소리, 꽃피는 소리…. ㅇ과 ㄹ 사이 어디선가 속삭이는 까만 씨앗들의 소리가 들려왔어. 눈을 떠봐, 거기 팝콘처럼 터지는 희망의 정거장

2

공명판이 깨지고 편집되어 슬픈 목소리를 냈던가, 분명하지는 않다. 빗방울이 사선으로 빗금 긋는 도시, 언제나 기의는 기표를 배반하기 마련이지. 부서진 의자와 내동댕이쳐진 의자와 처량하게 비를 맞고 있는 의자들 사이

3

내 딸들의 오르가즘이 절정의 순간을 맞닥뜨릴 때 아, 나를 눈멀게 하는 라일락꽃이 되고 싶지 않았어. 내 숨이 헐떡거렸기에 핏속엔 파도소리 철썩이고 있었어. 띄우지 못한 종이비행기 하늘의 푸른 멍 핥고 있었어. 재를 끌어안고 있었어. 뼈마디마다 욱신거리는 통증, 이 칼바람 소리. 빗장 열린 달의 문 철커덕 닫히는 소리. 관절 뚝뚝 꺾여 과녁을 벗어난 귀먹은 만장이 먼 곳의 바람소릴 만지고 있었어. 쉿, 심연(心淵)을 건너오던 바람은 꽃의 자궁을 열기 위해 우리를 두드렸을까, 튼실한 달덩이 하나 낳기 위해 꽃을 덮쳤을까

만조

만조와 간조를 삼킨 달빛 울음
내 몸에 전선을 꽂자 날개 되어 퍼덕인다
수위를 조절해야 한다
허기가 냉각되었을 때는
얽힌 갈증 채반에 널어 말려야
북소리로 신호를 보내
싱싱한 것들을 불러들일 수 있다
갈증의 혓바닥 날름거리는 신전에서
너의 눈빛을 두통이라 적는다
하루에도 수차례 느껴지던 통증들을 불러들여
내 양식이 부패되지 않도록
젖은 노래를 불러야 한다
파고가 가라앉길 기다리다
밀물과 썰물의 거리를 측정해본다
열망이라는 원심력에 의해 일어나는 두통의 역사
해수면의 높낮이를 조절해야
맛깔난 밥 한 상 차릴 수 있을까
나는 오늘도 달과 태양의 문을 두드린다

봄날의 월담

여우꼬리 흔들며
사랑하자 사랑하자 꼬드기는 봄날
머리에 꽃이라도 한 송이 꽂고
저 세상 밖으로 훨훨
월담하고 싶은데

부고장 속에 누운 친구가 자꾸 눈에 밟히고
꽃을 낳지 못한 살구나무의
해산도 거들어야 하고
빈 독에 웅크리고 앉아 있는
生活의 넋두리도 모른 체 할 수 없고
잠수함보다 더 깊이 잠수 중인
아이의 성적표가
또, 발을 붙잡는다

저 발정난 개의 목줄이라도
대신 풀어주어야겠다

사파이어녹색부전나비

— 臨終

나비병원 1006호 부전나비 한 마리
육 개월째 암 병동에서 굳어가고 있다

이 주사를 끝으로
아무것도 내 몸에 달지 말거라
인공호흡기
심장박동장치
인공영양공급장치도

마지막 남은 모르핀 한 방울 떨어질 때
푸드득 상한 날개 손질하는
가늘어진 점박이 무늬

졸참나무 등껍질 마냥
폭풍에 찢겨진 잎맥 키웠던 마디진 손길
유리창을 더듬는다
창가에 자욱한 꽃가루들

제2부

참 오래된 말

해산

버드나무 가지 끝
대롱대롱
봄비 한 방울

또오옥
또옥
똑

빗방울이
빗방울을 낳는다

참 오래된 말

질기지 않아
그래도 먹을 만하네

공기 먹은 빵처럼
적막 한 그루 키우는 집

서로에게 등 돌린 채
침묵만 나눠 먹던 식탁

접시에 이야기 담아 내려놓으면
또르르
불협화음으로 굴러 떨어지는 집

유리창이 성에꽃에게
성에꽃이 유리창에게 전하고픈
참 따뜻한 말,

미안해!

달빛에 풀어 놓은 곡비(哭婢)

은하수 곁에서 별똥별 울음소릴 듣는다
큰곰자리 작은곰자리 낡은 형용사 돛을 달고
맨발로 건너갔다 건너왔다
그 밤 삐걱거리던 문을 응시하던 거미줄이
나뭇가지에서 조금씩 조금씩 흔들렸다
핏빛으로 덧댄 창호지 틈새로 그믐달
밤새 토방 밑으로 숨어들어
푸른 눈물 되어 날았다
달빛에 놓아주던 풀벌레 곡비(哭婢)
눈물에 갇힌 나를 지우려 했다
어느 행성으로 흘러가던 울음의 맥을 짚듯

흘러들어 가다

늑골에 핀 울음 한 자락 내려놓기 위해 바다를 찾았지. 탈출에 신이 난 바람이 먼지 묻은 신발을 먼저 벗어 놓았어. 정지된 파도 위를 나의 한숨이 걸을 즈음, 네 혈관을 잠식하던 돌연변이세포도 덩달아 파도 위를 걸었지. 현이 없는 악기를 뜯고 싶었을 술병과 균형 잃은 발자국 두 개가 파도에 쓸렸어. 너무 쉽게 어두워지던 밤바다. 단단히 조였던 울음 철썩, 하얀 파도가 시퍼런 작두 위에 선 무녀처럼 나는 듯 걷는 듯 하늘로 떠올랐지. 네가 썰물로 끝없이 밀려가던 그날, 네 숨결과 눈빛은 한없이 푸르고 우물보다 깊었어. 마비된 길을 끌고 새벽이 찾아들었지. 차라리 내가 모래알로 부서지고 싶었지. 상처가 깊은 어둠은 저 홀로 부서지게 놔두고 너의 푸른 바다로 한없이 헤엄치고 싶었지. 바람개비 도는 너울로 널 데려다 내려놓고 싶었지.

시(詩)

한 떼의 송사리가 몰려다니는 수면 위로
한 무더기 개망초 꽃이 피었습니다

이제 홀로 걸어야 할 것 같습니다
이제 홀로 슬퍼야 할 것 같습니다

우기 속의 이역(異域)

비는 나를 적시며 내렸다. 새끼손톱만 한 햇빛도 용납하지 않고 사흘 낮밤 내렸다. 물 위로 구부러진 길이 떠올랐다. 살아야만 했다. 그날 밤 지켜보던 거미가 허공의 거친 숨 찢으며 밤새 거미줄을 쳤다.

거미의 제단에 통째로 엎어져 통풍도 안 된 나를 잡아당겼다 놓았다 반복하며 번제를 올리고 있었다.

자국 난 벽을 기어오르던 바람이 떨고 있던 한 생에 닿을 무렵, 포박된 채 거미에게 파 먹히고 있던 나방의 눈, 그의 동공에 박힌 나를 꺼내려 했지만 어둠마저 삼켜버린 빗줄기가 굵어졌다.

굳은 심장 하나 말려 빗속에 내맡겼다. 훅 끼쳐오던 흙냄새, 털썩 거미 앞에 무릎 꿇게 했다. 나는 나방이 아니야 벗어나려 했지만 나방의 사투를 삼킨 빗줄기 나를 거미에게 내어주었다. 거미가 제 먹이인 줄 알고 달려들어 나를 뜯어먹었다.

빌어먹을,

창밖은 비에 젖고, 기울어진 방안의 공기는 송장 썩는 냄새로 녹아내리고 그해 여름 거미와 나는 아무데도 닿지 못한 관을 타고 거미줄 뽑아내고 있었다.

길, 문득

새싹을 틔우듯 빈 몸으로 궤도를 돌다
저녁나절
먼 길 떠난 친구 집에 와보니
언덕 끝,
누구도 다녀가지 않은 길에 흠뻑 젖은 별들
매화향기 보드라운 길 닦느라
봉분과 밥 사이를 오가며 분주했어
물소리 꽃 속에서 저물고
나는 끝내 자리를 뜰 수 없었어
십자가마저 외면하던 어릴 적 달동네가
허기를 채우며
누렇게 뜬 호박넝쿨을 황혼녘에 널고 있었지
살별 하나 천천히 산등성이 넘어갈 때
훅 끼쳐오는 사람냄새
향냄새
모퉁이 돌아 문득 상가의 불빛

빗방울을 열다

조혈모세포 이식 무균실
빗방울이 창문을 두드리다 사라진
여름의 끝자락

저 빗방울 소리에
흘러들던 플루다라빈*도
혈관 속에 풀어놓기로 합니다

자작나무 푸른 숲길로
이 여름이 다가도록
붉은 수혈 가을도 지나고
그의 가늘어진 들숨 사이
흰 눈이 쌓이고
새살 돋을 때까지

잎맥마다 맺히는 빗방울 소리와
자작나무 숲길을 오래도록 걷고 싶어
바람이 깎아 놓은 벼랑 아래 엎드려
무균실 커튼을 엽니다

* 플루다라빈(fludarabine): 암세포의 성장을 억제하는 의약품

스며들다

여기는 정상
상승기류 타던 노랑부리까마귀
주검을 쪼아 먹고 있다

지상에서 피 흘리는 것들은
날갯짓으로 하늘에 오른다

햇살은 땅에 스며들고
땅은 햇살에 스며들고
빗물은 나무에 스며들고
나무는 빗물에 스며들고
나는 네게 스며들고
너는 내게 스며들고

스며드는 동안 우리는…
스며들지 않는 동안 우리는…

성장통

1

며칠째 아들은 부재중이다.

바벨탑 쌓으러 혼신의 힘 다해 컴퓨터로 잠입, 몬스터를 쫓다가 지하 벙커 점령하려 지원병 요청한다. 아이디 〈깜띵〉, 성감대 총 출동하라. 스릴 넘치는 짜릿한 액션과 임팩트로(리스폰 후 3초간은 무적 상태입니다). 컴퓨터와 접신해 죽어서도 다시 살아나는 세상을 건설하고 있다.

2

아들의 용감한 전투에 날은 저물고

탯줄 끊긴 자국 두 손으로 받쳐 들고 창자도 내놓고, 쓸개도 내놓고 온몸 다 젖도록 걸어가 물동이 가득 달빛 이고 오시던 내 어머니

새벽길 떠난 아들의 반성문 속에서 정화수 가득 번지던 기도소리 들린다.

3

흰 눈이 공터를 가만가만 채워주는 저녁

움켜쥐고 있던 손을 편다. 빈 들판으로 빠져나가는 온기

아가야,

컴퓨터 모니터 박차고 나와 사자처럼 갈기 세우고 푸른 들판으로 달려 나가렴.

침묵

흰 눈 내린 공원에서도
안개 자욱한 빌딩 숲에서도
달리는 버스 안에서도
시선을 나눌 대상이
존재하지 않습니다

누군가의 상처를
쓰다듬고 온 노을에게

나는 오늘
빈방 하나를
빌려야 할 것 같습니다

수화

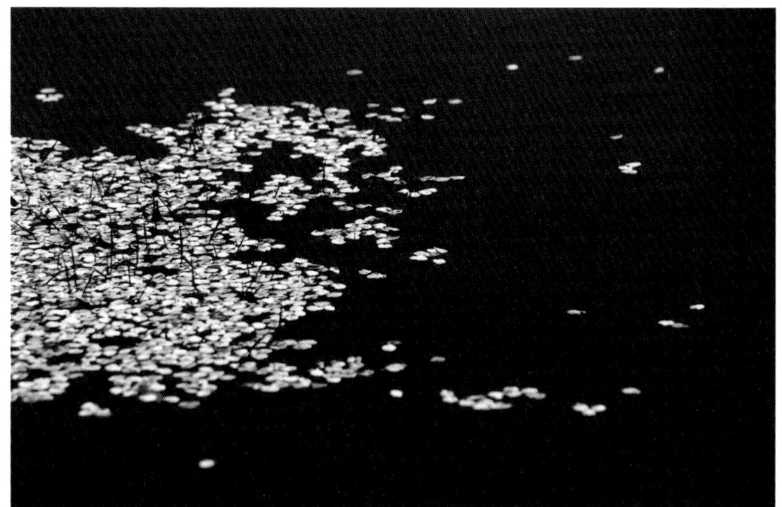

봄바람
젖은 몸 벗어놓고 간 길

숨 고르던 벚나무
제 살점을
발아래 내려놓으면

멀미 앓던 바큇자국과
모난 돌멩이와 패인 길들은
여린 날개 속으로 숨어듭니다

흩날리는 꽃그늘 속에는
얼마나 깊은 고요가 소용돌이쳤는지
살아서 지은 죄
낱낱이 고해성사하고 싶어지듯
저 꽃잎들도 허공에 발걸음
옮기고 있는 걸까요

산등성이마다
온통
꽃비 내립니다

제3부

에덴요양원

에덴요양원 1

에덴 요양원 담벼락에 기대
가을 햇살 이불 삼아 강아지 한 마리 졸고 있다
에덴으로 출국하기 위해 여권을 만든다고
임시 사진관이 차려졌다
푸른 천 벽에 붙이고 나무 의자
덩그러니 햇살 아래 놓였다
김옥선 할머니 다소곳이 두 손 모으고
카메라 렌즈에 방긋 미소 지을 때
낙엽 한 장 살포시
머리 위로 떨어졌다

김옥선 할머니 방으로
낮달이 떨어졌다
할머니 앉았던 휠체어에 남은
온기에 뺨을 대어본다
비듬을 줍고 사는 꽃들을 보다
노을빛으로 물들어 있는
김옥선 할머니의 돋보기를
가만히 들여다본다

에덴요양원 2

—낚싯대가 기억하는 허공의 깊이

한동안 물도 못 넘기고 허공에서 날개를 찾으시다가도 "어르신, 빨리 일어나세요. 낚시하러 가셔야죠" 하면 "응, 낚시가야지" 하던 김공식 어르신의 낚싯대에 수액이 흘러들었을까요? 깊이조차 알 수 없는 물살을 일으킵니다 나는 어르신이 놓고 가신 낚싯대를 들고 흐린 강에 나가 흙냄새를 낚고 썩은 물고기 악취를 낚고 오후 내내 귓가에서 잉잉대던 먹구름에 걸터앉아 울음이 내려놓은 산 그림자를 봅니다 석양 저편으로 흘러가버린 낚싯대가 퉁퉁 불은 채로 저벅저벅 요양원 흰 벽을 기어오르기도 하고 뼛속을 드나드는 바람소리가 되어 풀숲을 뛰어다니기도 하며 사방으로 길을 냅니다 어르신은 어느 길로 가셨을까요? 낚싯대에게 물어 봅니다

에덴요양원 3

—가을햇살 실버요양원

프로그램명 : 기억 더듬이

준비물 : 잊혀진 과거

시간 : 기억 멀리 소풍간 오후

장소 : 햇살 가득 들어온 거실

참여자 : 김옥선 외

• 김옥선(78세) 알츠하이머 :

“할머니, 첫날밤 얘기해주세요.”

“염병하네.”

얼굴에는 만연의 미소를 짓고 계심. 옆에 계신 이강분 어르신이 자신의 옛날을 생각하면서 소리 내어 울자 “이빼서 그렇지”라고 역성을 들어주심.

• 안봉순(93세) 알츠하이머 :

“내 자궁 속에서는 한 움큼씩 빈대와 벼룩이 나왔지, 새색시 때는 예뻐서 신랑이 많이 아껴 주었고, 어젯밤엔 서방님이 육자배기 한 대목 뽑고 내 젖무덤 속으로 파고들었어.”

• 오순례(91세) 장애3급 :

"벼룩은 깡충깡충 뛰고 이와 빈대는 기어 다녔지, 아기를 어떻게 낳았냐고? 부지깽이를 톡 치면 얘가 깨 쏟아지듯 쏟아져 나왔지. 첫날밤 신랑이 족두리 쓴 채로 나를 이렇게 가만히 안고 이불 속으로 들어갔어."

옆에 계신 박분례 어르신을 안는 시늉까지 내시며 상기된 얼굴로 실감나게 말씀하심.

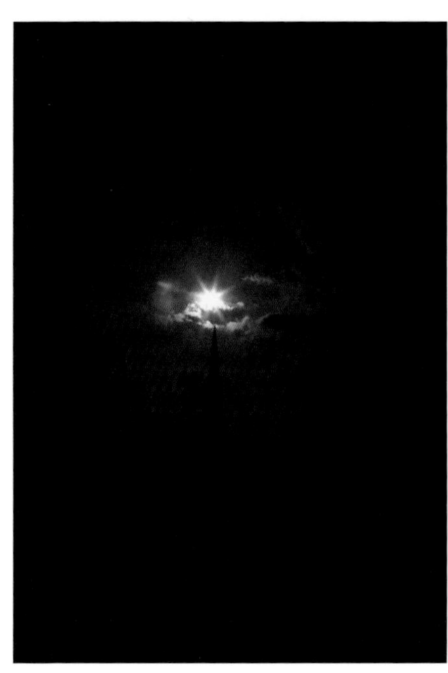

에덴요양원 4

— 좋아좋아 할머니

안산천 길 따라
맨발로 봄나들이 나선 김옥선 할머니
재잘거리는 꽃들과 눈인사합니다

핑크빛 다이너스티
주황색 원피스에 노란 레이스 키스넬리스
마음이 온통 들판을 달리고 있는 보라색 네그리타

꽃들도 모두 어여쁜 이름을 가졌는데
창가에서 비듬을 줍고 사는
김옥선 할머니만 이름이 없습니다
요양원에 맡겨진 날부터
이름 없는 꽃이 되어버렸습니다

아들, 손자 이름도
징용군에 끌려간 남편 이름도
모두 정신 줄에 걸어 매달아 두고
누가 무어라 물어도
'좋아, 좋아' 로
대신합니다

그림자

새들이 남기고 간 발자국을 안고
힘겨워하는
겨울 강에 서서
얼음 속을 들여다봅니다

아, 얼음 속에
새들의 그림자가 빠져 있습니다

꼭
내 마음속 깊은 곳에 빠져 있는
당신이라는
번뇌 같습니다

꺼낼 수 없다면
그냥 묻고
겨울 강처럼 괴로워하겠습니다

꽃비

세상 자 재듯 재며 사는 친구가
부처님 오신 다음 날에
아니 실직한 몇 시간 만에
119를 제 손으로 불렀다

병원에라도 가보라고 할 걸
꺼이꺼이 울고
해찰 부리며 쉬엄쉬엄 가자니까
꺼억꺼억 울고
영문도 모른 채 영안실 밖 봄꽃들도
처연하게 따라 울었다

융통성 없는 친구가
저 혼자 좋아라
꽃비 되어 하늘로 떠났다

우웅 거리는 이명을 이고 나가
푹 썩은 퇴비를 뿌린다
들썩들썩 삽질에 못 이긴 초록이
나를 뒤집는다

깨진 사기그릇

봄비에 젖은
깨진 사기그릇 하나
마음 밖으로 내어놓습니다

그 마음
돌무덤으로 쌓일까봐
애써
바람 부는 쪽으로
밀쳐 냅니다

어린 덩굴 환한 상처가 뜨거울 때

인동초 여린 줄기 허공을 더듬을 때
내 울음도 창 너머로 날아가
시눗대 숲에 매달린다

폭풍우 불어올 때마다
단단히 뿌리를 내려야 할 한 생이 건너간다

나비 날개 소리와 햇살의 숨소리가
손에 잡힐 듯 고요한 날에도
한쪽 하늘 비워 놓아야 하고
가시덩굴 속에 감춰진
말의 속내도 알아차려야 하지만
여름날의 푸른 잎새와 낙엽 사이의 거리도
가늠해 보아야 한다

혼자 설 수 없어 서로 몸 부빌 때
막다른 골목에선
왜 먼 곳에 이르고 싶어지는 걸까

힘에 겨워 잠시 휘청이는 오후
시눗대 그 수척한 눈빛
한 하늘 아래 같은 울음 새겨 넣는 일인지
시눗대 가지에 내려앉는다

봄날에 길을 나선 여자
— 전지(剪枝)

봄날의 통증은 죽은 듯 감나무 가지에서 시작된다. 새들은 매화나무 가지로 옮겨가고 버석거리던 나뭇가지는 푸른 자전(自轉)을 내어놓는다.

수면제 수십 알 털어 넣었던 위가 아파온다. 내인성 우울증 같기도 하고 감기기운 같기도 한 계절병 스멀스멀 엄습한다.

어머니, 내 단발머리 쓸어주시다가 매화꽃 날릴 때 날아가던 그날 같기도 하고 뿌리가 송두리째 뽑혀 떠내려간 어느 바닷가 근처인 것도 같고, 돌멩이 하나 가슴에 담았다 내려놓았던 자리 같기도 한, 우울증 과다 섭취로 새들이 지저귀는 봄날 곁에서 깊어온다.

물결쳤던 시간을 넘나드느라 젖은 바람 속 만질 수 없는 나를 이식하고 전정한다. 잘린 가지에서 향기가 흘러나온다. 핏빛이다.

이력서 쓰는 밤

벽제 화장터는 살도, 뼈도, 상처도 모두 지운다. 절벽으로 기어오른 측백나무 시린 달빛 의지해 가늘게 떨고 있는 언저리, 한줌 언 흙도 지운다.

전지한 화살나무 새순이 돋아나려는 것일까. 둥지로 돌아가는 새들의 힘찬 날갯짓을 지운다. 떠오른 별들을 지우려다 숨 고르며 주검을 내려다보는 밤. 내다버린 도끼가 발등을 찍는 날 돌아와 감자를 삶는다.

무거운 하늘을 이고 걸어온 이력서를 찍힌 발등 위에 가만히 얹어본다. 백일몽의 꿈결을 걸어온 이력서가 식탁 위에서 뜨거운 감자를 먹고 있다.

가장 오래된 협곡

〈긴급 바겐세일〉 이불가게 지나
하루가 깨금발로
서산마루에 매달리고
위를 세척하던 병원의 아픈 문이 열렸다 닫힌다.

빛을 향해 달려간 너울들이
바다에 마음 빠뜨리면
해초처럼 떠 있는 그대 나라에
닿을 거라고
비릿한 바다 냄새
심장을 파닥이게 한다.

생사를 건 해일 속
날개를 퍼덕이다 화석이 되었을
익룡의 발자국 하나
촛대바위 혈관 속으로 잠입한다.

파도가 남긴 깨진 사기그릇 조각
오래된 동굴 속을 걷고 있을 때
지렁이가 기어간 아이의 성적표와
구멍이 숭숭 뚫린 그물 같은 가계부가
썰물처럼 빠져나간다.

성에꽃

— S에게

항암제처럼 흩날리는 눈발
그 아래 쪼그리고 앉은
당신의
마지막 음성

바람이 들었을까
햇살이 들었을까

성탄절 아침
아기 예수 손끝에 핀
한 줄기
빛나는 꽃

지혈

사월, 비 내리는 길
골목을 들어서면 폐병 앓던 그녀가
쓰다만 원고지는
도무지 활자를 읽어낼 수가 없다

생채기마다 별빛 발자국을 새겼을
그녀의 시집 속엔
붉은 장미 뚝뚝 떨어져
길을 내고 있다

봄날은 얼마나 자주 꽃잎을
허공 속에 감춰두고
안개를 불러와
길을 지웠던가

詩의 *母體*를 향해 가던 길
피울음 가득해
안개와 맞장 뜨는 내게
여린 꽃잎 손목도 놓아두고

빗소리 따라
담장마다 무성한 향기
피워 올린다

지혈이 필요한
사월, 봄날

제4부
바람의 지문

동행

당신 떠나보내고
갈대숲에 나갔습니다

얼마나 더 오래 흘러가야
바스락거리던 당신의 흔적을
지울 수 있을까요

얼마나 더 흔들려야
당신을 털어낼 수 있을까요

멀리서
나를 지켜보던 미루나무 그림자가
어깨를 내주었습니다

미루나무와 오래
강물을 따라 걸었습니다

광합성을 멈춘 기억

만삭이던 달
썰물로 빠져나가고

등 굽은 채
꾸덕꾸덕 말라가던
발자국 소리

생존법을 터득한 은행나무 곁에서

나뭇잎 다 떨어뜨리지 않고선
죽음을 얻을 수 없으니

그대
오늘 딱 하루만
나를 버려 주실래요?

바람의 지문

너를 어루만지며 계곡물 소리, 도량에 엎드려 예불 드리고 배롱나무 부드러운 살결에 다다른 가을바람 일주문 지나 목탁소리 어우르며 걷는

길, 또 그 끝에 또 다른 길 어루만지며 봄비도 마실 가고 달빛 속 제비꽃도 피었다 지고, 먼 길 떠날 산등성이 바스락거린다

먼지 한 점 날지 않는 산문에서 날개를 접었다 펼쳤다. 한 덩이 열기가 꼬리를 흔들며 마른 핏줄기 타고 올랐다. 품고 있는 더듬이를 높이 세우고 호흡을 가다듬는 꽃들, 내 몸에선 맑고 푸른 박하향내가 났다

새 한 마리 햇살 퍼뜨리고 돌아오면 무성했던 잡목림 그 길을 넘어서 간다. 집도 절도 찾을 수 없었던 길. 바람은 습도를 낮춰 내 지문을 읽다가고

돌탑이 안개 속에서 자궁문 여는 동안 지상에서 뜨거웠던 순간을 묻고 싶었지만 돌덩이 하나 가만히 내려주고 내려오는 길. 천일각에 다시 바람이 분다. 몸에 수액을 부어넣듯 스며드는 백련사 범종소리

희망, 너의 맥박 위에 1

형체도 없으니
까마귀 깍, 깍, 깍

그림자도 없던 내가
어쩌다 법구경(法句經) 속을 헤매다 보니
우리 이는 길 위에서
고립되기도 했다

나의 뇌는 스펀지
나의 눈과 귀는 복사기 같아
너의 에너지에 반응할 뿐만 아니라
말과 생각, 느낌, 행동까지
몽땅 인화해낸다

수용성이 강한 너는
추위 한가운데서도
백사십억 개의 뇌세포를 갈고 닦아
심장에 에너지 투석하는
내 영혼의 까마귀

깍, 깍, 깍

지층의 무게로
균열 안고 사는 나는
피보다 진한 네 이름을
나의 맥박 위에 다시 쓴다

눈뜨고 천년
깍, 깍, 깍

희망, 너의 맥박 위에 2

너에게 집중하다
내 몸엔 수없이 많은 구멍이 나다

파도가 쉴 새 없이 드나들어
가뒀다 풀어줬다가 끌어안았다가
불안을 냄비에 넣고 팔팔 끓이기도 하다

존재가 불안하고, 밥이 불안하고,
잠이 불안하고, 어둠에 닫힌 문이 불안하다
다시 어두워지면 너를 꺼내 빛에 걸어 두고
너에게만 집착하다

끌어당겼다가, 놓아주었다가
솟구쳤다가, 멀미했다가
물결 다스릴 힘없어 동굴이 내 집이고
갈라진 틈이 내 호흡, 절벽이여서
물고기를 닮은 나는 늘 불면증을 앓다

봄비

어느 해였던가요. 이슬비 봄 언덕을 넘어설 때 아들을 잃고 벌목된 나무처럼 어두워지던 당신을 기억합니다. 당신의 휑한 눈이 봄비를 안아주던 그날처럼 봄비가 내립니다.

산매화 빗소리에 젖듯 오늘은 내가 젖어 자꾸만 어두워지네요. 돌이켜보면 우리가 걸었던 길, 비에 젖지 않는 날이 몇 날이나 있었던가요.

비에 젖을수록 풀잎들은 푸르러지고 가슴 언저리 깊어간다는 것, 산매화 젖은 들길을 걸으며 깨닫습니다.

그곳에

하늘은 빈 집 한 채를 서늘하게 에워싸고 저 홀로 푸르러 갔습니다. 산등성이 키 작은 나무들은 나이테를 새기느라 바람에 몸을 뒤척이고 오백 년이 넘은 느티나무도 바짝 마른 잎들을 몸에서 떼어내며 뱅그르 뱅그르 끝 모를 시간을 건너왔지요. 안개와 별빛에 키를 키웠을 억새 울음 가을의 문턱을 통과하느라 숲을 흔들고 있는 것일까요. 은빛 울음 한쪽 가지가 꺾인 때죽나무 쪽으로 몸을 기울입니다. 너 언제부터 그곳에 서 있었니? 산 그림자 나를 가만히 내려다봅니다. 서산 너머로 발길 옮기던 노을이 바스락거리며 산등성이를 지나갑니다.

그대에게

첨벙첨벙
햇살과 손잡고
건너갈 때
쏜살같이 내닫던
샛바람

타래실 풀릴수록
높이 나는 가오리연 따라
검푸른 행간에 정박한
봄소식

수평선 건너
은빛 물결 실은
돛단배 한 척

거기
그 자리
봄볕 무더기

먼 길

뗏목을 타고 낙타를 타고
코끼리를 타고
붉은 태양을 타고
빗소리를 타고
눈물을 타고
혼자 가는 먼 길

봄 햇살

뒤란으로 가만가만
마실 나간 사이

겨우내 서먹했던
나무들의 간격 좁혀주며
햇살 푸드득
처진 어깨 부추겨줍니다

어디서 날아 왔을까요
초록 언어

힘내세요
사랑합니다

금세 푸르러지는
새들의 둥지

시화호 1

안개가 수평선을 토막 내는 동안 그는 호흡곤란과 통증으로 시퍼런 비린내를 왈칵왈칵 쏟아내며 기침했네. 핏빛 신음 함초에 전이 되었나 갯벌에 엎드린 나도 붉은 울음 토했네. 숨 고르던 갈대 사이로 초승달 굴삭기의 굉음이 휘젓고 간 하늘 나눠 가졌네. 바다 한가운데에 숨통을 쥔 철탑, 해초 걷어내고 쿵쿵 진동(震動)을 박았네. 제 둥지 찾느라 화물선 주위를 맴돌던 바닷새 날갯짓에 번개가 펄럭였네. 뚜벅뚜벅 걸어 들어오던 굴착기 한 대 흔들리던 바다의 표지판 걷어내고 정박한 어선들을 간판으로 내다 걸었네. 달을 품으려 해일을 받아들였던 등대, 섬들의 음부를 휘감고 내 품으로 파고들었네.

시화호 2

붉은 독(獨)으로 퍼져가던 각혈
자맥질하는 저녁노을 속으로
스며들어
토사의 흔적 허무는 일로
굽이쳤네

바람의 길 내어주려
늑골 사이 뼈 하나씩 뽑아
서까래 얹던 시화호

내 몸 열어
바다의 처녀성(處女性)
되돌려주고 싶었네

곰의 쓸개라도
뜯어먹고
푸른 아이 열서넛 낳고 싶었네

사랑을 인화하다

초판 1쇄 발행 2012년 9월 21일
지은이 김효경
펴낸이 김석봉
디자인 조동욱

펴낸곳 문학의전당
출판등록 제311-2012-000043호
주소 서울시 은평구 연서로11길 7-5 401호
편집실 서울시 마포구 공덕2동 404 풍림VIP빌딩 413호
전화 02-852-1977
팩스 02-852-1978
블로그 http://blog.naver.com/mhjd2003
전자우편 sbpoem@hanmail.net

ISBN 978-89-98096-03-8 03810

* 이 책은 안산시 문화예술진흥기금을 받았습니다.